本书系全国教育科学"十三五"规划2017年度单位资助教育部规划课题"区域推进海商教育的实践研究"（项目编号：FGB170626）和山东省基础教育教学改革项目"基于'以海育人'理念的区域海洋教育实践探索"（项目编号：3702001）之成果

基础教育海洋特色课程汇

海之容

初中心理与海洋融合课程

（七至九年级）

本册主编　松梅

中国海洋大学出版社

·青岛·

基础教育海洋特色课程汇

顾　问

管华诗　中国工程院院士、中国海洋大学原校长

编 委 会

主　　任	杨鸿清	青岛市市南区教育和体育局局长
副 主 任	孙方凯	青岛市市南区教育和体育局总督学
	封安青	挂职青岛市市南区委教育工委副书记
	刘文明	青岛市市南区教育和体育局党组副书记
	于浩波	青岛市市南区教育保障中心主任
	孙　莉	青岛市市南区教育和体育局副局长
	徐　菲	挂职青岛市市南区教育和体育局副局长
	孙晓梅	挂职青岛市市南区教育和体育局副局长
	刁丽霞	青岛市市南区教育研究中心主任
	王　卫	青岛市市南区教育研究中心原主任
编　　委	董坤凌　解育红　关　茜　杨国青　胥　兵　杨希婷　杨　蔚	
	叶少远　颜秉君　徐慧颖　于风丽　张会英　张培欣　臧旭东	
	韩　强　许占斌　松　梅　刘　琨　陈翠玉　王　蕾　王　山	
	于　泳　师　蓉　仪　琳　宋立群	
总 策 划	杨鸿清	
执行策划	刁丽霞　董坤凌　解育红	

本 册 主 编　松　梅

本 册 副 主 编　于明东

本册编写人员　松　梅　于明东　姜晓燕　张志玲　胡　英　江　晶
　　　　　　　　焦　姣

序

　　我国是海洋大国,主张管辖的海域面积约为300万平方千米,拥有18000多千米的大陆海岸线,以及许多美丽的岛屿和海滨城市。海洋蕴藏着丰富的宝藏,是我们生活家园的一个重要部分。我们应该在孩子们心中从小播下了解海洋、热爱海洋、利用海洋和保护海洋的种子。

　　青岛是我国海岸线上一颗璀璨的明珠。市南区有着美丽的风景,这里红瓦绿树、碧海蓝天,人民依海而生、因海而兴。市南区的教育工作者们为了让孩子们认识海洋、热爱海洋,编写了"基础教育海洋特色课程汇"丛书。该丛书涵盖了从幼儿园到初中各个学段的课程,充分体现了培养德智体美劳全面发展的社会主义建设者和接班人的教育方针。该丛书由浅入深、内容丰富、图文并茂,符合少年儿童的认知特点,是一套很有特色的地方教材,填补了我国海洋教育与学科课程融合方面的空白。

　　海洋强国梦是实现中华民族伟大复兴梦的重要组成部分。海洋教育不仅要在海滨城市推广,也要在内陆地区推广。"基础教育海洋特色课程汇"提供了很好的教材。希望市南区的老师们努力实践,并不断完善这套教材。

　　青岛市市南区是中国教育学会第一批教改实验区,从2003年开始我就与他们有密切的联系。看到市南区教育的发展和他们所取得的成绩,我非常高兴,特写此为序。

2019年3月16日

（顾明远　北京师范大学资深教授,国家教育咨询委员会委员,北京明远教育书院名誉院长,曾任北京师范大学副校长、国务院学位委员会评议组教育学科召集人、中国教育学会会长、世界比较教育学会联合会联合主席等职）

前言 QIANYAN

从人类与海洋相遇的那一刻起,一个美丽的故事就开始了。自古以来,人类都在努力地了解海洋、开发海洋,与海洋和谐相处。因为海洋是人类文明的摇篮、资源的宝库,是人类生存与发展的重要基础和希望。

我国是海洋大国。依据《联合国海洋法公约》,我国主张管辖的海域面积约为300万平方千米。我国漫长的海岸线逶迤蜿蜒,绘就了祖国壮丽雄伟的海洋美景。青岛,正是这条海岸线上一颗璀璨的明珠。市南区作为青岛市的主城区之一,依海而生,因海而兴,拥有无与伦比的海洋发展优势。

然而,我国还不是海洋强国。为了积极践行习近平总书记提出的"要进一步关心海洋、认识海洋、经略海洋,推动我国海洋强国建设不断取得新成就"的指示精神,青岛市市南区教育和体育局以寻找海洋创新驱动为出发点,以全国教育科学"十三五"规划2017年度单位资助教育部规划课题"区域推进海商教育的实践研究"为抓手,进一步优化海洋远景规划,深度推进区域海洋教育实践研究。为了培养学生"亲海、爱海、知海、用海"的意识,激发他们保护海洋、探索海洋、维护海洋权益的责任感与使命感,青岛市市南区教育和体育局组织学科教研员和一线骨干教师,倾力打造并推出本套"基础教育海洋特色课程汇"丛书。

"基础教育海洋特色课程汇"丛书涉及德育、智育、体育和美

育等方面的11个学科，覆盖幼儿园、小学、初中全学段。具备丰富教学经验的学科教研员和骨干教师组成的主创团队，陆续推出《海之魂》《海之韵》《海之蒙》《海之魄》《海之美》《海之奇》《海之妙》《海之德》《海之容》《海之旅》《海之秘》等分册，内容丰富，精彩纷呈。

本丛书图文并茂，设计精美，配图主要由市南区在校学生和教师亲手绘制。可以说，本丛书承载了市南教育人的海洋梦，凝聚了市南教育精英的智慧。本丛书的出版既是成果，也是起点。培养具有海洋素养的学生，是市南海洋教育人不懈的努力方向，而这套丛书则是我们砥砺前行的足迹。

本丛书的编写，得到了青岛市市南区教育和体育局领导和全体师生的鼎力支持，中国海洋大学、青岛大学等高校海洋教育相关领域的专家也给予了大力支持。来自各方的帮助和支持，确保了本丛书的编创和出版工作得以顺利完成，在此谨向有关单位和人员表示衷心的感谢。

限于学科视野及能力，书中疏漏与不妥之处在所难免。我们热切希望在丛书的使用过程中，能够得到广大师生的帮助及相关专家的指导，以使其不断优化，日趋完善。

编　者
2019年3月

致同学们

ZHITONGXUEMEN

海洋，是生命的摇篮、资源的宝库、文化交流的通路、经贸往来的航道、国家安全的屏障。傍海而居的人们尽情享受着大海的赐予，并在长期与海洋的和谐相处中总结了丰富的涉海经验，传承着独具特色的海洋文化。海洋，是人类实现可持续发展的重要保障。

在浓郁的海洋文化的熏陶下，我们希冀处于青少年时期的你们，能够加强个人的道德修养，努力培养自强不息、海纳百川、自信乐观、开拓进取的必备品格，切实养成良好习惯，正确认识自己，更好地适应周围环境，实现素质的全面提升。

"海之容"丛书共分三册，一至三年级、四至六年级、七至九年级各一册。各册皆以海洋知识、海洋现象为切入点，引出主体活动，加入海洋元素，实现心理健康教育与海洋教育的融合，落实心理健康教育的要求。这套丛书也许会成为同学们的一个小帮手，陪伴大家在迎接纷繁复杂的成长挑战时，尽情享受成长的快乐。在此，让我们真诚地把感谢送给中国海洋大学孙艳霞教授，感谢孙教授的倾情指导，同时也感谢前期在搭建框架过程中付出劳动的金继翔、郭琳、卢芳、张明滋、徐洪翠、朱华、魏彩燕等老师。

同学们，让我们一起走进"海之容"，在学习和生活中培养如同海洋般宽广的胸怀和气质吧。我们热切期待着同学们的成长和进步！

七年级

1　遇见蝴蝶鱼 ·· 2
2　来自海豚的呼唤 ······································ 7
3　幸福浪花一朵朵 ····································· 14
4　牵手考试，扬帆起航 ···························· 20

八年级

1　把握人生航向 ·· 28
2　狼鳗的浪漫 ·· 34
3　生气的刺鲀 ·· 38
4　记忆冲浪 ·· 42

九年级

1　海岛游 ·· 48
2　小丑鱼的探险之旅 ································ 56
3　向招潮蟹学习管理时间 ························ 61
4　虾虎鱼与枪虾 ·· 67

青岛新世纪学校　杨昌泰　绘

七年级

1 遇见蝴蝶鱼

心海导航 ▶

蝴蝶鱼，犹如美丽的蝴蝶灵活地穿梭于珊瑚丛中，为了适应周围的环境，蝴蝶鱼发展出很多生存本领，如变色和伪装等。

同蝴蝶鱼一样，我们也要尽快适应并融入初中生活，掌握新的本领，迎接新的挑战，健康快乐地成长！

初中生活，我们来了！

心海遨游 ▶

蝴蝶鱼的自述

我们被称为珊瑚丛中的蝴蝶，体色绚丽，身体侧扁，小嘴巴狭长。我们长得萌萌的，没有杀伤力，之所以在这颗星球上存活了上亿年，绝招之一就是我们拥有高超的变色术。为了适应环境，我们的体色会随着环境的变化而变化。通常情况下，我们改变一次体色只需要几分钟，甚至几秒钟。

这个小故事，给你带来了怎样的启示？

我得到的启示：_____

_____

_____

_____

进入初中后，周围很多事物都很新鲜：新的同学、新的老师、新的环境……你或许有些许新奇、些许忐忑、些许期待！

下面，一起来做一个手指交叉的小游戏吧！

第一步：请先将双手并拢，再将五指交叉并紧握，看看哪只手的拇指在最上面。

第二步：请重新将五指交叉，并有意识地使另一只手的拇指在最上面。现在，你的感觉如何？

第三步：请将第二步的动作重复十遍，现在你的感觉又是怎样的？

做完这个小游戏，你有什么感受？把它们写下来吧。

我的感受：

面对改变，我们开始会有些不适应；但当我们主动尝试、多次练习后，不适应的感觉就会逐渐消失。正如刚才的小游戏，当不断重复不习惯的动作时，适应就已经开始了。

刚升入初中的你，一定发现了小学生活和初中生活的不同之处。把你的发现写下来和大家一起分享吧！

我的发现：_____

_____

_____

_____。

心海拾贝 ▶

通过和同学们的讨论,为了更好地适应初中生活,你有哪些新打算呢?

我的新打算:_____
_____
_____
_____
_____。

心海延"深" ▶

更好地适应新环境

如何更好地适应新环境、积极面对来自生活和学习的挑战呢?

一是要了解初中生活与小学生活的不同之处。列举出自己需要适应的方面，也就是明确我们的压力来源。这样，在接下来的学习和生活中可以做到有的放矢。

二是要增强管理情绪的意识。你们正处于情绪敏感期，要有意识地觉察自己当下的情绪状态，学会管理自己的情绪。管理好自己的情绪，是一个人成熟的表现。

三是要勇于求助。勇气有很多种，主动求助也是一种勇气。在必要时，不妨大胆一些，向你们的家人、朋友、同学、老师求助吧，或许他们的一句话就会让你豁然开朗。

四是要考虑周密。青春期的我们容易冲动，要冷静考虑各种可能性，多一些理性。

2 来自海豚的呼唤

心海导航 ▶

海豚的聪明和活泼，令人印象深刻。不仅如此，它们还团结友爱、亲密无间。特别是当同伴受伤时，它们会不离不弃地守护着，令人感动。

在成长过程中，我们会遇到很多同伴。他们在我们的生命中扮演着重要的角色。

心海遨游 ▶

海豚的友谊

韩国的一家鲸类研究所曾录制了一群海豚救助受伤同伴的视频。视频里，一头雌海豚受伤了，它在水中痛苦地上下翻滚着、呼唤着……它的12个同伴发现后，分别从各处游了过来。

为了不让这只雌海豚沉入大海,它们自发组成"救生筏",托起了受伤的同伴。尽管它们尽了最大的努力来托举着这头受伤的雌海豚,但雌海豚最终还是停止了呼吸。在受伤的雌海豚彻底沉入海底之前,仍有 5 个同伴一直陪伴着它,并不停地触碰它的身体,似乎在呼唤它醒来……

看了这个故事,你是不是被海豚之间的友谊感动了呢?是啊,海豚都这么团结友爱,我们更应互助互爱、共同前进。

回顾你与同伴的相处经历,请用几个关键词来表达你的感受吧!

快乐!我每天都和同伴朝夕相处,一起谈论有趣的话题……

温暖!我比较害羞,不敢主动与人交往,同伴耐心地鼓励我……

帮助!每当遇到困难的时候,我总能得到同伴的无私帮助……

我的关键词是……

我的关键词：_____
_____
我的感受：_____
_____

 感知体验

（一）马兰开花

好玩、有趣的活动，可以增加我们相互交流的机会，让我们感受到集体的力量、了解合作的意义，从而提高我们融入集体的积极性，增强我们在集体中的自我认同感！

游戏规则：

1. 主持人站在场地中央。

2. 全体学生围成一圈。

3. 游戏开始后，学生围绕场地，边走边念："马兰花，马兰花，风吹雨打都不怕，请问花儿开几朵？"

4. 主持人根据人数随机报出数字，学生根据数字，几个人快速抱在一起，组成小团队。没加入小团队的学生可以选择重新入队的方式，如唱歌、深蹲起等。

注意事项：游戏要重复多轮，保证学生都有加入小团队的机会。

最后一轮游戏时，主持人根据学生人数合理分组（每组6～8人），以便开展第二个活动——串糖葫芦。

没加入小团队前，我很孤独，我想快速抓住我身边的人……

当有人挽住我的手时，我很开心。

当……时，我感觉……

和小组成员一起，交流你的感受吧。

我的感受：_____
_____
_____
_____

（二）串糖葫芦

相逢是一首诗，是一首歌，每一句、每一行都写满了幸福、洋溢着欢乐。和伙伴们一起加入传递快乐的队伍中来吧！

游戏规则：

1. 按照马兰开花游戏的分组（每组6～8人），同学们依次进行自我介绍。

（自我介绍参考的格式：我是……，我的爱好是……，我的偶像是……，我最喜欢的动漫/小说/音乐是……以上内容可以任选，也可以进行补充）

2. 游戏开始后，第一位同学先进行自我介绍；第二位同学做自我介绍前，先要重复第一位同学的自我介绍，再介绍自己；第三位同学先要重复前两位同学的自我介绍，再介绍自己，依次类推……

注意事项：自我介绍者要声音洪亮，吐字清晰；同组者要态度认真，注意倾听，尽量完整复述。

这个小游戏，给你带来了怎样的启示？

我得到的启示：_____
_____。

心海拾贝 ▶

正是因为有了这么多人的结伴同行,我们的初中生活才会变得更加顺利和精彩。你对处理集体中的同伴关系,有哪些好的建议?把这些建议写下来吧!

我的建议:_____
_____
_____
_____。

心海延"深" ▶

人际交往的秘诀

和谐同伴关系的建立,需要掌握一定的人际沟通技巧。

一是要学会倾听。倾听既是一种沟通技巧,也是尊重他人的一种表现。在倾听时,可以积极地询问、复述关键信息、身体前倾等,切忌心不在焉、左顾右盼。其次要以开放的胸怀,耐心听取同伴的不同意见。要先让同伴把话讲完,然后再表达自己的意见,对不同的意见可以采用"和而不同"的态度。

二是要学会赞美。希望得到尊重和赞美，是每个人内心深处的一种渴望。因此，赞美是人际关系中非常重要的一个技巧。赞美同伴时，我们要做到真诚、具体，而且要兼顾场合。

三是要学会说"不"。在与同伴的交往中，由于各种原因不能满足对方的请求，需要拒绝别人时，我们要有礼貌地、婉转地说"不"，这同样也是人际关系中的一种智慧。

［改编自《中小学心理健康教育指导纲要解读》（林崇德、俞国良主编，北京师范大学出版社，2013年）］

青岛新世纪学校　王梅华　绘

3 幸福浪花一朵朵

心海导航

　　海豹，眼睛大而圆，头部钝圆，身体粗圆，可爱极了。它们在陆地上移动时，前肢支撑起身体，后半身拖曳在地面上，身体弯曲爬行，显得非常笨拙。不过，它们可是捕鱼能手，小日子过得可幸福了。

　　在我们的成长过程中，幸福也常伴随我们的左右。今天，就让我们一起走进情绪的海洋，感受积极的情绪、乐观的心态带来的幸福吧！

心海遨游

故事传真

幸福可以很简单

小海豹最近有点蔫蔫的，一幅无精打采的样子。

妈妈担心地问："小海豹，你怎么了，哪里不舒服吗？"

小海豹眨了眨大眼睛，一脸疑惑地问："妈妈，小乌龟说它自带小房子，幸福指数高；灯笼鱼说它自带电量，幸福感爆棚；寄居蟹说它会重复利用，幸福加倍……妈妈，幸福到底是什么呀？"

妈妈看着小海豹，笑着说："原来你在思考这个问题啊，幸福……"妈妈歪着头，思考了一小会儿，看着小海豹的眼睛说，"这个问题很简单哦，只要你能抓到一百条鱼，妈妈就告诉你答案。"

小海豹用它圆滚滚的小脑袋蹭着妈妈，央求道："好妈妈，你就告诉我吧。"

可是，这次妈妈却一反常态，不为所动，坚持让小海豹去抓一百条鱼来换取答案。

小海豹实在太想知道答案了。于是，它从清晨一直到傍晚，一刻不停地抓鱼。夕阳西下，筋疲力尽的小海豹趴在沙滩上，抱怨道："妈妈还说幸福很简单，这也太难了。"

这时，小海豹看到不远处有一张人类的沙滩椅，不由地挪了过去，仰躺在上面，不时地扭扭身躯，勾勾尾鳍，舒服极了。小海豹眯缝着眼睛，心满意足地呢喃道："妈妈说得对，幸福可以很简单，没有什么比辛苦的劳作之后躺在沙滩椅上享受暖暖的日光浴更幸福啦。"

说完，小海豹幸福地睡着啦。

辛苦劳作之后，小海豹感悟到了"幸福"的真谛。而在实际生活中，我们总会主动或被动地碰到形形色色的人、各种各样的事儿，我们如何才能遇见幸福呢？让我们来看看其中的奥秘吧。

假如有一天，你到公园的长椅上休息，把最心爱的一本书放在公园的长椅上。这时候，一个人径直走过来，坐在椅子上，把你的书压坏了。此时，你会有怎样的想法和感受？请把它们写下来。

> 我的想法和感受：

这时，又有一个人从后面跑过来，告诉你——刚才压坏了你的书的人是个盲人。

此刻，你又会有怎样的想法和感受呢？

> 我的想法和感受：

同样的一件事情——他压坏了你的书,在你了解事情真相的前后,却能引起你产生不同的想法和感受。你知道这是为什么吗?

对,这是因为我们对事情的不同看法导致的!对事情的看法不同,引起的自身情绪就不同。所以,我们虽然无法改变事件的本身,但可以改变我们对事件的看法和评价,这样,就可以让我们的感觉好起来!

幸福就是没有压力、没有烦恼吗?

关于压力,心理学家曾做过一个实验研究。研究者将一个养老院的老人随机分为两组。第一组老人,所有的需求都能得到满足,这应该是大多数人梦想的养老院。第二组老人,就没有这么好的待遇了。他们不能衣来伸手、饭来张口,很多事情都需要他们自己动手做。比如,他们必须自己浇花,必须自己规划每天做的事,需要自己动手来丰衣足食。

一年半后,研究者再来调研这两组老人,发现第二组老人比第一组,更快乐、更独立也更健康,而且活着的人数也比第一组多了一倍!

同学们,看完这个实验研究,你们得到什么启示?

我得到的启示:

心理学研究发现，人做事的效率和压力呈倒U形曲线的关系。因此，生活过于轻松并不是一件好事。适当的压力对于培养人的耐性、毅力以及提升人的幸福感也是非常重要的！

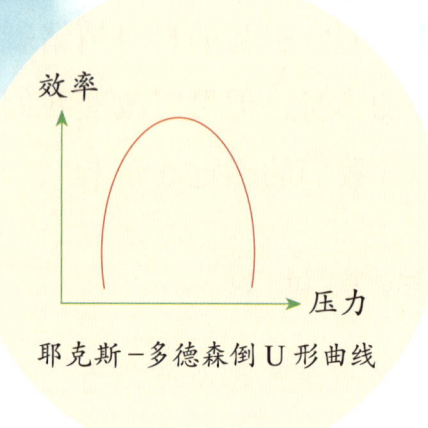

耶克斯-多德森倒U形曲线

🔸 心海拾贝 ▶

同学们，你们还知道哪些幸福的诀窍？和大家一起分享吧！

我的诀窍：

1. 要一分为二地看待困难和挫折，看到它们的意义。

2. _____。

3. _____。

4. _____。

心海延"深"

换个角度，遇见幸福

花开千朵，各不相同。幸福，与物质无关，只是内心的一种感觉。当你处于顺境时，不可得意忘形；处于逆境时，也不必过于悲观失望。换个角度看事情，或许你就能够触及幸福。

当然，学会换个角度看事情，对我们来说，是一生的功课，需要不断修炼。

4 牵手考试，扬帆起航

 **心海导航**

　　大家知道"海洋里的飞行者"是谁吗？没错，是海龟。海龟在游泳时，不但姿态优雅，而且非常敏捷；但是，海龟的生存历程却充满了艰辛，可以说，每一只成年海龟都是生命的奇迹。

　　我们也是一样，从小到大，经历了无数的考验，正是这些大大小小的考验，帮助我们不断成长、走向成功。

青岛市市南区实验小学　谢峻郗　绘

心海遨游

故事传真

顽强拼搏的小海龟

同学们，你们知道吗？大约每1000只小海龟中只有1只能够活到成年。刚出生的小海龟需要通过层层严格的考验，顽强拼搏才能活下来。它们是在岸上被孵化出来的，那时它们还没有发育成熟，四肢也无力，爬回海洋的回家之旅就是和死神的一场竞赛。它们会遭遇鸟类、螃蟹、蜥蜴等天敌的袭击，虽然在海中比在陆地上安全得多，但是那里依然危险重重。生存对于小海龟来说，异常艰难。

尽管如此，小海龟依然顽强而勇敢地谱写着生命的乐章。

通过了层层考验的海龟，最终回到了大海，开启了美好的生活。身为初中生的我们也要经历许多考验，考试就是其中之一。

感知体验

提起考试，你想到了什么，感觉如何呢？

说到考试，可能每个人的感觉都不一样。如果能把这种感觉画出来，它可以是某种海洋动物、海洋植物或海洋现象，你觉得它会是什么呢？请你把你的感觉画出来吧，并选择一个词来形容自己对考试的感受。

我的作品和感受：

（一）与"考试面对面"

活动规则：

1. 两个学生为一组，一个扮演"考生"，另一个扮演"考试"。"考生"根据屏幕上的提示来表演动作，"考试"要根据自己的感受做出回应。

2. 两人互换角色。

3. 在表演过程中，所有人都不能说话，而要通过动作、表情来交流。

情景一：

考生面对考试的第一种姿态：左手叉腰，右手食指高举。身体语言：考试，我讨厌你！

情景二：

考生面对考试的第二种姿态：双手交叉，头部微微向上抬起。身体语言：考试，我不怕你！

情景三：

考生面对考试的第三种姿态：转过身去。身体语言：考试，我想离开你！

情景四：

考生面对考试的第四种姿态：微笑。身体语言：考试，我喜欢你！我愿意和你在一起！

思考讨论

> 1. 你在分别扮演"考生"和"考试"的过程中,最强烈的感觉是什么?为什么?
>
> 2. 扮演"考试"时,当对方用不同的方式对待你的时候,假如你会说话,你想对对方说些什么或做些什么。

考试是学习过程的一部分,你对待考试的态度,决定了考试会怎样影响你。不过,和考试做朋友需要很大的勇气,你愿意试着和考试做朋友吗?下面让我们一起想象一下和考试做朋友的情景吧。

(二)和考试做朋友

指导语:请你选择一种舒服的姿势,闭上眼睛,深深地吸一口气,再缓缓地呼出。想象一下,你来到一片绿油油的草地上,温暖的阳光照在你的身上,空气中弥漫着花的清香,耳边有鸟的歌唱,你感觉很温暖、很安全。这时,考试这位朋友带着微笑来到你的身边。你仔细看一下,他是什么样子?他拉起你的手,你跟他讲述你的梦想。考试有时像个精灵,给你讲述神奇的故事。你累了、倦了,他会给你打气说:"只要你坚持,再勇敢、坚定一些,就会实现你的梦想!"在他的陪伴下,你终于到达了理想的彼岸。请回忆他带给你的点点滴滴。你想对他说点儿什么、做点什么?请你记住这种感觉,记住你此时此刻对他说的话,把这种感觉深深地藏在心底,然后跟这位朋友暂时告别,离开草地,回到教室中来。

思 考 讨 论

1. 在小组里讨论一下，在刚才的活动中，你都看到了什么？
2. 现在，你对考试的感觉又是怎样的？与小组成员分享一下吧！

我的分享：

心海拾贝 ▶

请观察刚开始上课时自己画的画，体会一下自己对考试的感觉是否有所改变。用自己喜欢的颜色修改这幅画，或者选择重新画一幅。画完后，同样请你选择一个词来形容自己对考试的感觉，并把它写在纸上。

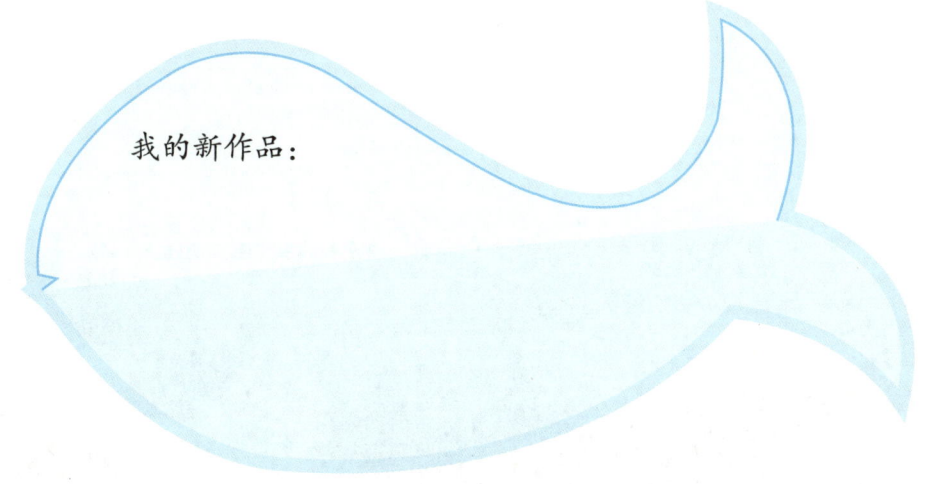

我的新作品：

心海延"深"

如何缓解考试的焦虑情绪

1.认知调控。首先要用积极的语言暗示自己,比如,"我能行""我能考好""这次考不好,下次还有机会"等。即便你在考试中发生失误,也不要完全否定自己,要理性对待。

2.调整好心态。对待考试就像对待平时的测验一样,冷静对待,保持一颗平常心。

3.放松训练法。

(1)呼吸松弛训练:当出现不良情绪的时候,通过深呼吸来进行调节。吸气时要深、满,吐气时要慢、匀,全身放松。

(2)想象放松法:紧张的时候,想象一下自己之前成功的经历,感受成功时的内心体验,找回让自己快乐的感觉,并陶醉在想象的情景之中,从而消除紧张情绪。

青岛新世纪学校　矫宜田　绘

八年级

1 把握人生航向

心海导航 ▶

船长,是船上的最高指挥者,负责船舶的安全驾驶和管理。我们每个人都是自己人生这艘船的掌舵人。面对未来这片海,选择不同,价值观不同,到达的人生彼岸就不同。

心海遨游 ▶

故事传真

不一样的选择

1870年3月17日,一个普通的夜晚。哈尔威船长驾驶的"诺曼底"号轮船受到严重的撞击,即将沉没,形势非常紧急。但是,哈尔威船长没有惊慌,依然镇定自若,坚守在船长的岗位上指挥着60名乘客和船员有序成功逃生。不幸的是,他自己却随着客轮沉入深渊……哈尔威船长的这种忠于职守、舍己救人的品质，至今令人肃然起敬。

2014年4月16日，韩国一艘载有476人的"岁月"号客轮发生浸水事故。船长李俊锡给船内人员下达了等待的命令后，自己却通过海警警备艇逃出。最终，这场事故造成304人遇难（包括失踪者）、142人受伤。2015年11月13日，李俊锡船长以杀人罪被判无期徒刑。

选择不同，结果就不同。在人生路上，我们会面临许多选择，如果失去了正确的人生信念，我们就会迷失正确的人生方向。

假设在茫茫的大海上有一艘客船，你是这艘客船的船长。客船在航行时不小心触了礁，即将沉没。船上18名乘客的性命危在旦夕，而船上仅有一艘能容纳6个人的救生艇……这时，作为船长，你会怎么办呢？

这18名乘客的身份分别是：

A. 中学教师　　　　　　　　B. 优秀的演员

C. 怀孕的妇女　　　　　　　D. 慈善活动家

E. 严厉的法官　　　　　　　F. 著名的体育运动员

G. 优秀的警察　　　　　　　H. 著名的作家

I. 经验丰富的医生　　　　　J. 音乐家

K. 亿万富翁　　　　　　　　L. 生病的老人

M. 掌握核技术机密的军事专家　N. 意气风发的少年

O. 掌握粮食增产技术的农业专家　　P. 政治家

Q. 外国游客　　　　　　　　　　　R. 坚定的共产主义者

这些乘客分别代表了不同的价值观倾向。

A. 中学教师——知识	B. 优秀的演员——娱乐
C. 怀孕的妇女——生命	D. 慈善活动家——爱心
E. 严厉的法官——公平	F. 著名的体育运动员——卓越
G. 优秀的警察——秩序	H. 著名的作家——文化
I. 经验丰富的医生——健康	J. 音乐家——艺术
K. 亿万富翁——财富	L. 生病的老人——道德
M. 掌握核技术机密的军事专家——安全	N. 意气风发的少年——未来
O. 掌握粮食增产技术的农业专家——生存物质	P. 政治家——权力
Q. 外国游客——博爱	R. 坚定的共产主义者——信仰

请思考并回答以下问题：

（1）你选择的6名乘客分别是：

乘客名单

（2）你选择的依据是：

（3）有没有你一定要选的乘客，如果有，你的选择是：

（4）有没有你一定不选的乘客，如果有，你的选择是：

思考讨论

在小组内分享你的选择，并说明理由。

我的选择和理由：

活动规则：

1. 小组成员依次分享自己的选择，并说明理由。

2. 如果有一定要选择的乘客，请说明理由。

3. 如果有一定不选的乘客，请说明理由。

注意事项：互相尊重，清晰表达，认真倾听。

〔改编自《心理健康教育.高中：全一册》（周宗奎主编，湖北科学技术出版社，2014年）〕

价值观

　　价值观是指一个人对于人、事、物的看法或原则，是一个人的信念、情感和动力，是一个人行为的指挥官。

　　每个人都有一套自己的价值体系，当个体在确立人生目标、作出重要抉择时，价值观就会起着非常重要的作用。

心海拾贝 ▶

通过学习，你对自己有了哪些新的认识？写下来吧！

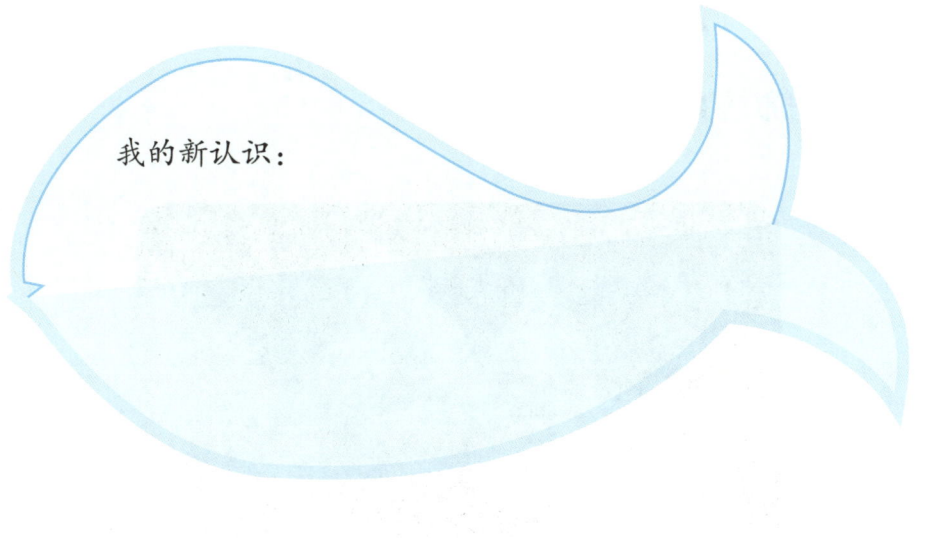

我的新认识：

心海延"深" ▶

塑造健全人格

同学们，你们正处于世界观、人生观和价值观形成的关键时期。现在的你们，不仅要承担起更大、更多的责任；还要以平和、感恩、知足的心态与他人和社会和谐相处，塑造健全的人格，培养优秀的品质。

2 狼鳗的浪漫

心海导航

狼鳗

这种看起来很凶恶的鱼叫狼鳗，它攻击力很强，咬合力惊人，能够不费力地咬碎海胆或螃蟹。但是，狼鳗却是一种很"浪漫"的鱼。它们对爱忠诚，一生只爱一条鱼。

爱情是我们生命中非常重要的主题，我们进入青春期后，很多同学可能会对异性同学产生朦胧的好感，或明或暗地喜欢某一个人。当爱情来敲门时，我们该怎么办呢？

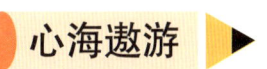 心海遨游

 故事传真

狼鳗的爱与责任

狼鳗不仅对爱忠诚,还非常有责任心。它们配对成功后,会在海底选择一个洞穴"定居"下来。每次交配后,雌性狼鳗能产下上万粒卵,狼鳗夫妇会轮流觅食。为了使这些卵得到更充足的氧气,夫妻俩还会小心翼翼地将卵们一一翻转,共同呵护着它们。

感知体验

同学们好,今天我们聊聊爱情故事中常说的"怦然心动"的感觉。

回顾你与同伴相处的种种经历,你有过这种感觉吗?如果有,请你花一点时间,扫描你过去的经历,把这种感觉以文字或绘画的方式在纸上呈现出来。

说说你的"怦然心动",不必说具体的名字,只是描述自己的体验。要注意保密哦!

3 生气的刺鲀

🖊 **心海导航** ▶

刺鲀,被称为海洋中的"不高兴",一生气就炸刺。其实,这是它遇到危险后的一种自我保护的方式。

同学们,在生活中,你有没有像刺鲀一样有想要"爆炸"的时候?你又是怎么面对你的"爆炸"的情绪的?

刺鲀

🖊 **心海遨游** ▶

惹不起的刺鲀

刺鲀虽然憨态可掬,却一身硬刺。平时,刺鲀身上的硬刺平贴在身体上,看起来与别的鱼没有太大的区别。但当它受到威胁时,马上进入御敌准备,快速地将水或空气吸入极具弹性的胃中,

被鲨鱼吞进嘴里的刺鲀

在短时间内身体就膨胀了数倍，硬刺也会直立起来。膨胀起来的刺鲀，能吓退一部分掠食者。即便它被掠食者吞下去，也很容易死里逃生。

　　小明刚刚拿到心仪已久的书，还没来得及看，就被小华抢走了。不仅如此，小华还不小心撕破了书。小明很愤怒，感觉自己要爆炸了。如果你是小明，此时你会怎么做？

　　小组成员轮流扮演小明和小华，并交流各自的感受。

　　请认真扮演角色，用心感受情绪带来的变化。

> 愤怒的情绪会给我带来的变化：
> 1. 身体上：_____
> 2. 行为上：_____
> 3. 想法上：_____

思考讨论

　　情绪影响着人们的行为和健康。积极的情绪体验，会使人精神焕发、干劲倍增；消极的情绪体验，会使人萎靡不振、怯懦畏缩。

　　但心理学专家表示，情绪本身没有好坏之分，每一种情绪都有它的价值和意义。

请说出以下情绪的价值和意义：

愤怒：_____。

紧张：_____。

伤心：_____。

害怕：_____。

情绪是我们内心的"送信人"，每一封信都传递着我们的真实感受。如果你对"送信人"以礼相待，理解并处理好每一封"信"，"送信人"送完信就会走；相反，如果你关门不接待，它就会一次次地不请自来。

"信"的内容越重要，"送信人"越尽心尽责。因为每一封"信"包含我们的期待与渴望。请试着对你的送信人——情绪说几句话吧：

亲爱的情绪：

　　你好！现在我知道了，你是一个送信人，你如实地传达了我内心的真实感受。我只有打开并接收你送的信息，才能真正地了解自己。谢谢你！

心海拾贝 ▶

经过今天的活动体验，相信你会有一些感悟和收获，把它们写下来吧！

我的感悟和收获：_____
_____。

心海延"深" ▶

面对情绪

当情绪来临时，请你这样做：

第一步，觉察当下的情绪，承认并接纳它。

第二步，试着了解情绪从何而来。

第三步，尝试着以适当的方式来表达情绪。

第四步，疏导、缓解内心积累的令自己不舒服的情绪。

我们是情绪的主人，只要我们愿意去面对原本就属于我们的各种情绪，就有能力去管理好它们。

4 记忆冲浪

心海导航

章鱼拥有三颗心脏、两套记忆系统，它的大脑中大约有 5 亿个神经元。这种独特的神经构造使章鱼具有超过一般动物的思维能力。

章鱼的两套记忆系统是怎样运作的，跟我们人类的记忆系统有哪些不同？我们又该怎样增强自己的记忆力呢？让我们一起探究一下吧！

心海遨游

故事传真

神奇的章鱼

章鱼有两套记忆系统：一套是正常大脑工作的记忆系统，另一套记忆系统则直接与吸盘相连。所以，章鱼的记忆能力很强。科学家的相关研究结果表明，章鱼具有短期记忆和长期记忆，

章鱼正在打开瓶盖

拥有2岁儿童的智力水平。章鱼甚至可以打开矿泉水瓶的瓶盖，吃掉瓶中鲜美的食物。

而我们人类的大脑中只有一套记忆系统。人类之所以有思维和想法，关键在于大脑。大脑中负责学习和记忆的一个很重要的部位就是形似海马的海马体。

日常生活中的短期记忆都储存在海马体中。如果一个记忆片段，比如一个电话号码或一段文字在短时间内被重复提及的话，海马体就会将其转存入大脑皮层，成为永久记忆。所以，海马体比较发达的人，记忆力相对强一些。

记忆力可以通过后天的训练不断提高，所以，掌握合适的方法很重要。

活动一　海底小鱼数一数

用眼睛（不用口和手）来数出右图中小鱼的数量。

活动二　听名称拍拍手

当你听到海洋动物名称的时候，拍一下手；当你听到海洋矿产资源名称的时候，拍两下手；当你听到海域名称的时候，拍三下手；当你听到其他名称的时候，不要拍手。

活动三　挑战数字记忆

请用40秒的时间来记忆下组数字：

89420850816854367217

这组看上去没有丝毫规律的数字，你记住了吗？你是怎么记住的呢？

思考讨论

1. 请你谈谈在刚才的活动中，哪一个活动让你印象最深刻？

2. 在挑战数字记忆的过程中，你都运用了哪些记忆方法？在小组中与其他组员一起分享吧。

让我印象最深刻的活动：

我的记忆方法：

知识岛

关于记忆

记忆是过去的经验在人脑中反映的一种心理过程，包括"记"和"忆"两个方面。所谓"记"指识记和保持，这是记忆的前提和关键；所谓"忆"是再认和提取，这是记忆要达到的目的，也是检验记忆的指标。记忆的方法主要有节奏记忆法、特征记忆法、谐音记忆法、形象记忆法、故事记忆法、联想记忆法、理解记忆法、多感官记忆法、音乐记忆法等。

心海拾贝

你还能说出其他记忆方法吗？让我们一起分享一下吧。

我的记忆方法：_____
_____
_____
_____。

心海延"深"

艾宾浩斯遗忘曲线

德国心理学家赫尔曼·艾宾浩斯研究发现，遗忘在学习之后立即发生，而且遗忘的速度并不是均匀的：最初遗忘得很快，以后逐渐减缓。

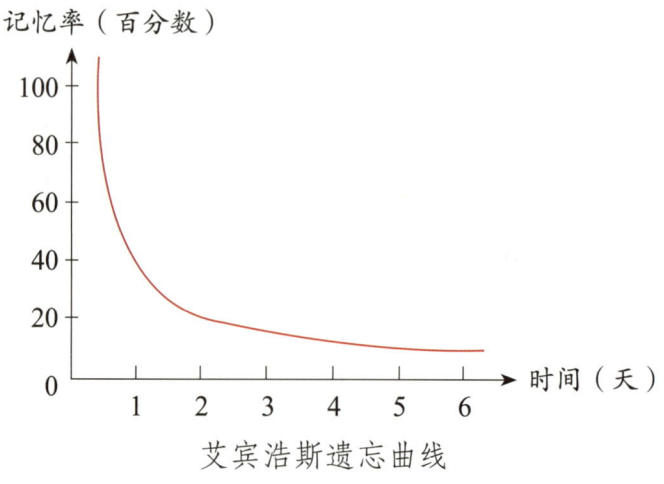

艾宾浩斯遗忘曲线

这条曲线告诉我们，在学习中，遗忘是有规律的，遗忘的进程不均衡，先快后慢。

通过这条曲线，你会发现，如果不抓紧复习，所学的知识，一天后就只剩下原来的25%；随着时间的推移，遗忘的速度减慢，遗忘的数量也就减少。

有人做过一个实验，两组学生同时学习一段课文。甲组在学习后不复习，一天后的记忆率降为36%，一周后只剩13%。乙组按艾宾浩斯遗忘规律来复习，一天后保持98%的记忆率，一周后保持86%，乙组的记忆率明显高于甲组。

〔改编自《记忆的奥秘》（［德］赫尔曼·艾宾浩斯著，王迪菲编译，北京理工大学出版社，2013年）〕

九年级

1 海岛游

心海导航

　　海岛是散落在蔚蓝色大海上的"明珠",拥有着各自不同的风采。不同的海岛游会带给我们不同的感受和收获。同样,在人生中,我们会面临多种选择,不同的选择会有不同的体验。

　　同学们,你们心中理想的职业和生活是什么样子的呢?怎样才能实现自己的生涯目标呢?这节课就让我们来发现自己的兴趣,规划美好的未来吧!

心海遨游

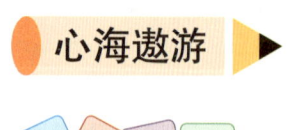

座头鲸先生的海岛游

　　海底世界电视台最近推出了一款慢综艺节目——座头鲸先生的海岛游。

　　该节目由座头鲸先生担任主持人。

座头鲸先生身材庞大，旅行经验丰富，再加上他富有磁性的嗓音，为我们的海岛游增色不少。

下面是座头鲸先生对本次海岛游的介绍：

亲爱的朋友们，欢迎收看我们的慢综艺节目——座头鲸先生的海岛游。我是主持人座头鲸。

我国海岛众多，各具特色，有最年轻的火山岛涠洲岛、最大的石柱群海岛南碇岛和最有草原意境的海岛大嵛山岛等。

让我们放慢节奏，与海岛来一次亲密接触吧。

座头鲸先生

感 知 体 验

（一）探索职业兴趣岛

浩瀚的海洋中，有六座不同类型的海岛，小岛和岛上的居民各有特点。

R岛——自然原始岛

这是一个自然生态保持得很好的绿色小岛，野生动物种类繁多；居民擅长手工制作，自己种植花果蔬菜、修葺房屋、打造器物、制作工具，喜欢接触大自然和户外运动。

I岛——深思冥想岛

岛上有多处天文馆、科技博览馆及图书馆。居民喜好观察、思考，崇尚科学，喜欢追求真理，常有机会和来自各地的哲学家、科学家、心理学家等交流心得。

A岛——美丽浪漫岛

岛上艺术文化氛围浓厚，美术馆、音乐厅林立，街头雕塑和街边艺人随处可见。居民喜欢传统的音乐舞蹈和绘画。这里是艺术家的天堂。

S岛——友善亲切岛

岛上居民亲切友善，乐于助人，密切互动。人人重视奉献、利他、教育、互助合作，岛上充满温馨。

E岛——显赫富庶岛

岛上居民生活富裕，有经商头脑，能言善道。岛上经济发达，餐饮、娱乐设施齐全且高端。很多企业家、政治家、律师经常光顾。

C岛——现代井然岛

岛上充满了现代气息，拥有完善的户政、地政和金钱管理制度。居民理性保守，处事条理性强，善于组织规划，心思缜密且做事效率高。

如果只能选择在一个岛上住一个星期，你会选择哪个海岛呢？说说你的理由。

我的选择和理由：_____。

其实，每一个海岛都对应着一种职业兴趣倾向。下面让我们一起来了解一下吧！

R 岛——实用型

总体特征：动手能力强，偏好执行于具体任务，社交能力偏弱，喜欢独立做事，喜欢大自然。喜欢与实物、工具、机器打交道。

对应的职业：从事农业、林业、渔业、军工业、制造业、机械业、技术贸易业等相关领域的人员。

I 岛——研究型

总体特征：理性严谨，抽象能力强，喜欢独自研究、探索，喜欢逻辑分析和推理。

对应的职业：实验室工作人员、科学研究人员、工程师、程序设计员、医生和系统分析员等。

A 岛——艺术型

总体特征：想象力丰富，有创造力，乐于创新，感情充沛。

对应的职业：音乐家、作曲家、乐队指挥、美术家、漫画家、作家、诗人、舞蹈家、演员、戏剧导演、广告设计师和室内装潢设计师等。

S岛——社会型

总体特征：有较强的洞察力，善于合作，对人热情，关心他人，善解人意，有强烈的社会责任感和使命感。

对应的职业：心理咨询师、教育工作者和社会工作者等。

E岛——企业型

总体特征：自信、乐观，具有领导才能，精力充沛，喜欢说服、领导和影响别人。

对应的职业：市场或销售人员、商业管理者、采购员、投资商、电视制片人、保险代理、政府官员、企业领导和公关人员等。

C岛——常规型

总体特征：谨慎保守，喜欢按计划办事，细心，有条理，喜欢固定的、有秩序的活动，如组织和处理数据等。不喜欢做主导，希望知道工作的具体要求和标准。

对应的职业：财务人员、会计师、银行出纳、行政助理、秘书、档案文书、计算机操作员和数据分析师等。

通过六岛测试，你了解自己的职业兴趣倾向了吗？

（二）兴趣雷达图

每个人的兴趣和爱好是多元的，而且会不断发展和变化。

如果给不同岛屿代表的职业群按照自己的喜欢程度赋分的话，则喜欢程度越高，分数越高。最高分为5分，请你分别为每个海岛的喜欢程度赋分，并逐一在兴趣雷达图中用点标出来，然后将各点连接起来，你就绘制出一幅自己的兴趣雷达图啦！

我的兴趣雷达图：

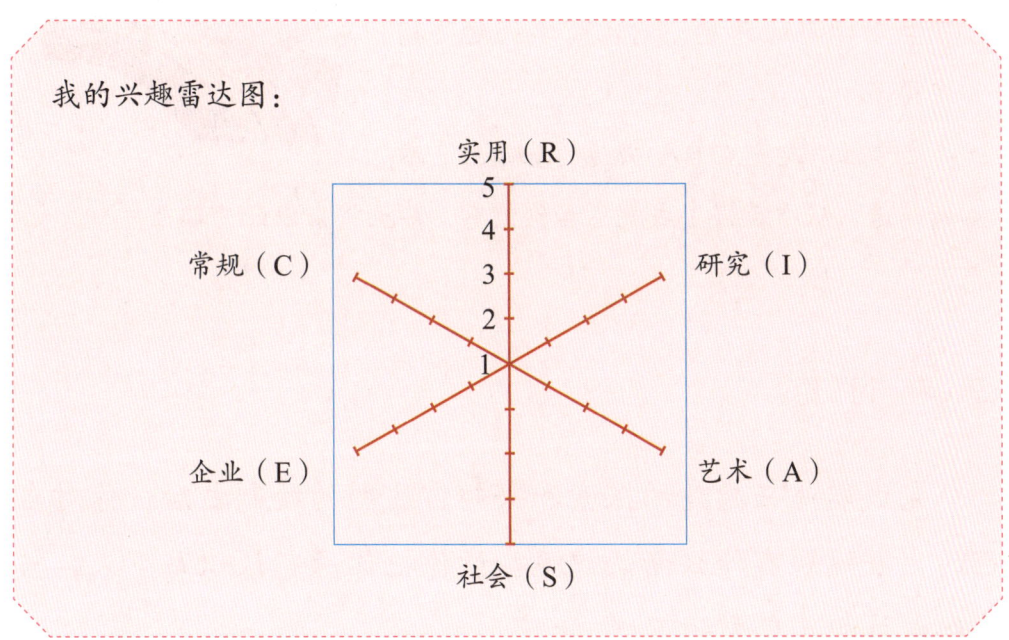

观察自己的兴趣雷达图，你发现了什么？

我的发现：

知识岛

兴趣的三个阶段

兴趣的培养要经历简单兴趣、自觉兴趣、专注兴趣三个阶段。

简单兴趣来自感官刺激，是指只有外界的感官刺激才能引起的兴趣。

自觉兴趣是在简单兴趣的基础上有了主动学习的意愿，它比简单兴趣要稳定得多。

专注兴趣是在自觉兴趣的基础上，不断精进，从中获得了成就感和价值感，甚至将来以此为职业。

思 考 讨 论

完成职业兴趣岛的探索和兴趣雷达图的绘制之后，你对自己的生涯规划有什么新认识呢？请你把你的新认识写下来，与小组成员相互交流一下吧。

我的新认识：

心海拾贝 ▶

同学们，通过本节课的学习，你们对自己的生涯探索有了哪些新发现？把它们写下来吧！

我的新发现：

心海延"深" ▶

初中生如何进行生涯规划

1. 了解自己的能力。

不同的职业有不同的能力要求，了解自己的能力有助于在选择职业的时候，扬长避短，取得成功。只有了解自己的能力，我们才有可能精准地找到适合自己的职业。

2. 探索职业兴趣。

我们要了解不同职业的特点，寻找我们真正感兴趣的职业。你可以把了解爸爸、妈妈的职业作为职业兴趣探索的开始。

3. 了解社会需要和未来发展。

我们需要了解当前社会对职业的需求和未来职业的发展要求。做生涯规划时，必须关注社会的需求和社会的发展趋势，同时关注不断出现的新职业，要把自己的能力、职业兴趣和社会需要有机结合起来。

2 小丑鱼的探险之旅

心海导航 ▶

同学们,你们看过电影《海底总动员》吗?该影片讲述了小丑鱼爸爸玛林历尽千难万险寻找儿子尼莫的故事。在历险过程中,玛林深刻体验到恐惧、焦虑、忧虑、悲伤、喜悦等多种情绪。最终,他勇敢地面对自己内心的恐惧和焦虑,成了儿子和周围人心目中的英雄。

我们一起去看看他和儿子之间的故事吧。

心海遨游 ▶

故事传真

父子冲突

在电影《海底总动员》中,有这样一段情节:小丑鱼玛林虽然已身为人父,但他仍是远近闻名的胆小鬼。他总是担心尼莫会发生危险。玛林不允许儿子游到深海处玩耍,他认为海葵之外的一切都是危险的。而尼莫正处于探索期,对一切都充满了好奇,他觉得爸爸太过于保守。于是,父子二人发生了冲突。

关于这个片段,小海和小容展开了讨论,你能回答他俩的提问吗?

小丑鱼玛林都有哪些情绪的表现?

这些情绪出现的原因是什么?

小丑鱼玛林的情绪表现有:_____
_____
_____

玛林出现这些情绪的原因是:_____
_____
_____

在生活中,我们也经常会出现焦虑的情绪,当出现这种情绪时,我们的身体会发生很多变化。现在,请你静下心来,慢慢体验自己曾经的焦虑经历。

面对焦虑:绘心时刻

回想一下曾经让自己焦虑的场景,感受自己当时身体的变化和情绪的变化。

活动要求:

(1)描绘出令你焦虑的意象,或是凭感觉随意涂鸦,可以配上文字说明。

(2)在小组中,与其他成员一起分享自己的作品和感受。

(3)分享之后,你又有怎样的感受?

我的感受:_____
_____
_____
_____

焦虑是人类的一种正常的情感反应。科学研究表明，适度的焦虑不仅有助于帮助我们更好地应对压力，还能帮助我们发挥出更大的潜力。

思考讨论

我不害怕焦虑了。

没想到，我还可以和焦虑做朋友！

我……

所以，当遇到焦虑时，我们可以尝试去拥抱它，体验它，感受它对我们的影响，寻找减少焦虑的办法，并倾听焦虑传递的讯息。

心海拾贝 ▶

通过学习，你对焦虑还有哪些认识？赶紧写下来吧！

> 心海延"深"

关于焦虑

焦虑是一种正常的情绪体验。在生活和工作中，我们都会经历焦虑，从某些角度来看，焦虑可能会是一件好事。

1. 焦虑可以激励人们更好地完成任务、更加努力地实现设定的目标。

2. 焦虑可以帮助人们识别未来的威胁和挑战，让人有充足的时间为它们做准备。

3. 焦虑可以为您带来实现目标的动力。我们永远无法消除焦虑，所以，我们要学会与它一起生活，就像我们学会了面对自然界的暴风雨一样。

青岛新世纪学校　矫宜田　绘

3 向招潮蟹学习管理时间

 **心海导航**

很多海洋生物都拥有与生俱来的"计时器"。比如招潮蟹，哪怕远离海洋，它们都能准确预知涨潮的时间。这是不是很神奇呀！

我们人类通过钟表来获取准确的时间，并根据自身的需求来合理安排时间。同学们，你们会合理安排自己的时间吗？具体又是怎样做的呢？

青岛新世纪学校　杨昌泰　绘

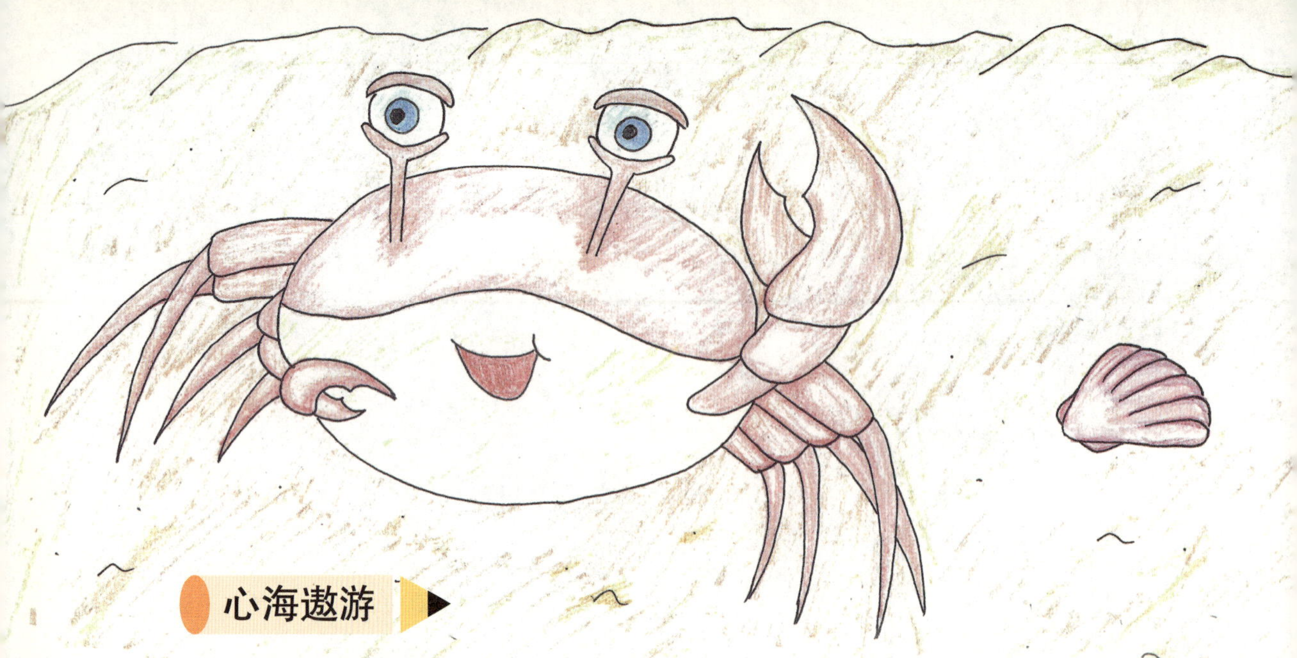

心海遨游

青岛新世纪学校　王梅华　绘

故事传真

招潮蟹的神奇本领

大家好，我是招潮蟹，你们可能在海滩上见过我。我个头虽小，却有一只大大的螯。除了外形独特外，人类对我最好奇的是，我是如何准确预知涨潮时间的。每当涨潮时，我都会提前十分钟停止觅食，迅速找到掩盖物，把自己藏起来。如果离家近的话，我会快速返回栖息的洞穴，用贝壳或石块等坚硬的东西堵住洞口来保护自己。当潮水退却后，我又会爬出来，四处活动和觅食。因为我能够准确预知涨潮的时间，这让科学家们对我很感兴趣。他们曾把我养在实验室，让我远离大海，可是，我依然有这种预测能力。

据此，科学家推断我的体内有一台精准的"计时器"。

填写下面的表格，看一看，你每天是如何安排时间的呢？

我的时间安排

时间类别	所需时间
上课和自习时间	
放学后，做作业的时间	
休息时间（睡觉、午休、课间）	
发呆、走神、找东西的时间	
上学和放学途中所需时间	
每天的休闲娱乐时间	
其他时间	

画出你的"时间馅饼"图，并写下你的感受。

我的感受：_____

_____

_____

_____

时间管理的"四象限法则"

美国管理学家史蒂芬·柯维提出了时间管理的"四象限法则"。该法则按照紧急和重要两个维度把事情分为重要且紧急、紧急但不重要、重要但不紧急和不紧急且不重要四种情况,如下图所示。

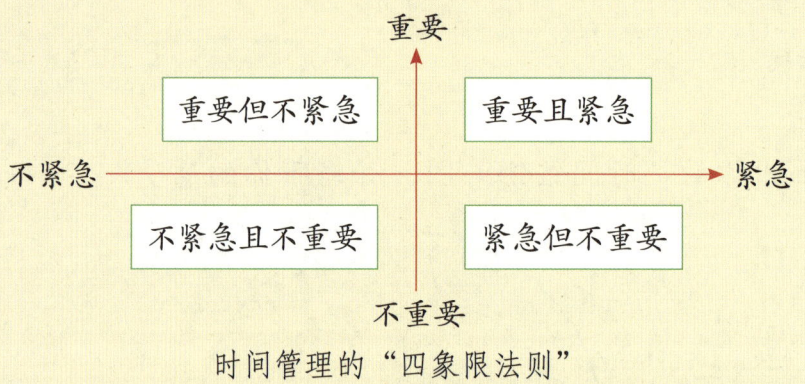

时间管理的"四象限法则"

〔改编自《要事第一:全新的时间管理方法和时间控制技巧》(〔美〕史蒂芬·柯维、〔美〕罗杰·梅里尔、〔美〕丽贝卡·梅里尔著,中国青年出版社,2016年)〕

时间管理专家认为,我们要把时间用在重要但不紧急的事情上。

你能根据时间管理的"四象限法则"帮助林夕进行一下时间管理吗?

林夕是一名初二的学生。他身兼数职,既是班长又是校学生会的干部,还是书法社的骨干,平时还有学习任务。一个周五的早晨，林夕刚走进校门，碰到邻班的好朋友李强，李强对林夕说："林夕，中午12：30，我们一起去打球吧。"林夕想，中午正好没事，就很高兴地答应了。可走进班级之后，他又看到教室的黑板上写着"今天12：40—13：50学校进行英语朗诵比赛"。他这才想起自己是班里推荐的参赛选手。他刚坐到座位上，书法社的社长跑进来，对他说："今天中午13：15，书法社成员碰个头，商量一下下周一学校书法展示的事。你可是负责人啊，一定准时到。"林夕一想起这么多事都凑一起，头都大了。这时广播响起："今天中午13：10召开全年级班长会议，商量演讲比赛的事。"林夕一听，傻了眼，不由叹了口气说："唉！今天怎么这么多事情都凑到一起了啊？"

我们一起列一列林夕的时间表。

（1）12：30：打球。

（2）12：40—13：50：学校举行英语朗诵比赛，班级推荐选手。

（3）13：10：班长开会，商量演讲比赛的事。

（4）13：15：书法社开会，讨论学校书法展示事宜。

请你按照上面的时间管理"四象限法则"帮助林夕具体安排一下吧。

我给林夕的建议：_____
_____
_____。

📝 **心海拾贝** ▶

通过今天的学习，你对自己的时间管理有了哪些新的想法？

我的新想法：

📝 **心海延"深"** ▶

番茄工作法

2006年，弗朗西斯科·齐立罗提出一种提升工作效率的方法，那就是使用厨房定时器来管理工作时间。他还出版了《番茄工作法图解：简单易行的时间管理方法》一书。

作者为了锻炼自己的注意力，他从厨房中找到了一种用于厨房倒计时的工具，并将这种工具运用到自己的生活和工作之中，于是就产生了番茄工作法。运用这种方法时，先选择一个待完成的任务，然后将番茄时间设为25分钟。这期间，专注工作，中途不允许做任何与该任务无关的事，直到番茄时钟响起。然后进行短暂休息（5分钟就行），再开始下一个番茄时段。每4个番茄时段后，可多休息一会儿。在学习中，我们也可以试试番茄工作法，这种方法可以大大提高学习效率。

4　虾虎鱼与枪虾

🖉 心海导航 ▶

共生是海洋中的神奇现象，不同的物种可以和平共处。它们互惠互利、各得其所，幸福地生活在一起。

同样，我们的班级也像一片"海洋"，我们一起穿越时光，走过三年，有支持与协作，也有矛盾和冲突。那就让我们一起来回顾我们的"共生"故事吧！

🖉 心海遨游 ▶

同居的虾虎鱼和枪虾

虾虎鱼和枪虾是一对神奇的海洋共生动物。它们结伴共住在一个小洞里，分工明确，各负其责。枪虾负责挖洞，虾虎鱼负责安全保卫。通常，虾虎鱼会守在洞穴入口，看家护洞。当受到袭击时，虾虎鱼会

虾虎鱼和枪虾

及时告诉枪虾，枪虾就迅速逃回洞中。在安全的日子里，枪虾则忙着清理通道。

它们是不是很默契的好伙伴呢？

初中三年，师生共同学习、成长，有欢笑，有泪水，有感动，有原谅……

此刻，你最希望向谁表达你的感谢，向谁表达你的原谅，向谁请求他的宽容？大胆表达出来吧！写下他们的名字和想对他们说的话。

我想感谢的人：_____
因为：_____
_____
_____

我想原谅的人：_____
因为：_____
_____
_____

我想说抱歉的人：_____
因为：_____
_____
_____

我最想_____的人
因为：_____
_____
_____

思考讨论

在小组内分享，说说初中三年里让你感动的事情吧。

让我感动的事情：

 知识岛

益者三友

子曰："益者三友，损者三友。友直，友谅，友多闻，益矣。友便辟，友善柔，友便佞，损矣。"

孔子说：有益的朋友有三种，有害的朋友有三种。与正直的人交朋友、与诚信的人交朋友、与知识广博的人交朋友，这是有益的。与谄媚逢迎的人交朋友、与表面奉承而背后诽谤的人交朋友、与善于花言巧语的人交朋友，这是有害的。

心海拾贝

这节课，我对很多同学表达了感谢，激动之后感到很放松。你也写写你的感受吧！

我的感受：

心海延"深"

写感恩日记

学习写感恩日记，就是要训练自己关注美好事物的能力。这有助于我们拥有良好的心态，构建更加和谐的人际关系。

如何写感恩日记呢？

第一，要准备一本专门的日记本。

第二，每晚睡觉前，请写下三件当天发生的好事，并给它命名，在你列出的每一件好事的旁边，至少写一句话：

• 为什么今天会发生这样的好事，对我来说，这意味着什么？

• 我从命名这件好事中学到了什么？

• 我或其他人在哪些方面对这件好事做出了贡献？

第三，当前你遇到的困难是什么？它可以给你带来什么好处？

重要提示：写感恩日记，不必写很多文字，一件事用一句话概括就可以了。

致 谢

本书在编创过程中，参考使用的部分文字和图片，由于权源不详，无法与著作权人一一取得联系，未能及时支付稿酬，在此表示由衷的歉意。请相关著作权人与我社联系。

联系人：徐永成

联系电话：0086-532-82032643

E-mail：cbsbgs@ouc.edu.cn

图书在版编目（CIP）数据

海之容. 初中心理与海洋融合课程. 七至九年级 / 松梅主编. —青岛：中国海洋大学出版社，2021.11

ISBN 978-7-5670-2735-0

Ⅰ. ①海… Ⅱ. ①松… Ⅲ. ①心理健康—健康教育—初中—教学参考资料 Ⅳ. ①G444

中国版本图书馆CIP数据核字（2021）第011741号

出版发行	中国海洋大学出版社
社　　址	青岛市香港东路23号　邮政编码　266071
网　　址	http://pub.ouc.edu.cn
出 版 人	杨立敏
项目统筹	孟显丽
责任编辑	孟显丽　　　　　　　电　话　0532-85901092
封面绘图	杨昌泰
印　　制	青岛海蓝印刷有限责任公司
版　　次	2021年11月第1版
印　　次	2021年11月第1次印刷
成品尺寸	185 mm × 260 mm
印　　张	5
字　　数	51千
印　　数	1~1500
定　　价	36.00元
订购电话	0532-82032573（传真）

发现印装质量问题，请致电0532-88785354，由印刷厂负责调换